TRANSFERTS DE LIVRETS

ENTRE

Caisses d'Épargne ordinaires

Transferts ordinaires et Transferts directs

TRANSFERTS DE LIVRETS

ENTRE

Caisses d'Épargne ordinaires

Transferts ordinaires et Transferts directs

TRANSFERTS DE LIVRETS

ENTRE

Caisses d'Épargne ordinaires

Transferts ordinaires et Transferts directs

———•✕•———

Ayant été frappé du peu de succès que la question des transferts avait obtenu auprès de plusieurs Conférences des Caisses d'épargne (1), devant lesquelles elle a été posée, nous avons cru en trouver la cause dans l'insuffisance des explications fournies sur ce sujet un peu aride. Peut-être eût-il mieux valu rentrer dans certains développements qu'on a considérés à tort comme inutiles, parce qu'on les devait exposer devant un auditoire averti à l'avance des choses de l'épargne.

(1) Il existe sept Conférences régionales des Caisses d'épargne, représentant   Caisses groupant   livrets et   francs de dépôts, dont les délégués constituent la Conférence générale des Caisses d'épargne de France, ayant son siège à la Caisse d'épargne de Paris, rue Coq Héron, 9.

Le mécanisme de la comptabilité des Caisses d'épargne joue un certain rôle dans l'affaire. Les expressions peu émotives de : *date de valeur, compte crédité ou débité*, lancées au hasard de la discussion, sans indications précises ou sans application à un compte déterminé, peuvent rendre parfois difficiles, même à des initiés, l'assimilation de certains détails techniques. Si, par habitude de la comptabilité en partie double, certains de nos excellents chefs de comptabilité jonglent avec le débit et le crédit, en les inversant parfois, ils compliquent à plaisir, bien qu'involontairement, le travail des auditeurs. De crainte d'être taxé d'exagération, nous en citerons plus loin un exemple.

Ce sont ces renseignements incomplets qui ont attiré à certains interlocuteurs, dans la discussion sur le sujet qui nous occupe, cette spirituelle réponse d'une personnalité éminente dans le monde de l'épargne : *Vous avez oublié d'éclairer votre lanterne.* Nous allons essayer de leur rendre ce service.

I

Abstraction faite de toute réglementation ou circulaire ministérielle, le transfert par lui-même est une opération assez simple, qui permet au déposant qui change de résidence, de faire transférer ses fonds de la Caisse d'épargne de la ville qu'il quitte à la Caisse de la ville où il va se fixer.

Pratiquement, le déposant use de cette faculté en signant une demande dans ce sens.

Ce droit est consacré par l'article 8 de la loi du 5 juin 1835.

Le transfert doit être demandé à la Caisse qui détient les fonds ; il doit être fait en double expédition, signé du déposant, et porter quittance des fonds transférés. Cette opération équivaut donc, en ce qui concerne la Caisse débitrice et expéditrice du transfert, à un règlement définitif ou remboursement pour solde, et produit les mêmes effets ; les mêmes règles lui sont applicables, et, le cas échéant, les mêmes justifications doivent être exigées (circulaire du 10 mars 1893, § 3). Le transfert est donc considéré comme un solde ; qu'il s'agisse d'un transfert ordinaire ou d'un nouveau transfert direct, dont nous parlerons plus loin, la situation et les conséquences sont les mêmes.

La Caisse qui expédie le transfert, de quelque nature qu'il soit, se trouve donc libérée, lorsque la formalité est opérée ; du reste, le nouveau livret qui sera délivré à la Caisse destinataire n'aura de cause que par suite de l'extinction du premier livret, transféré à la demande du titulaire. Ils ne sauraient coexister ensemble. Le livret transféré est donc bien éteint, remboursé et soldé. D'où nous tirons cette conséquence qu'il devrait être traité comme un solde. Nous verrons qu'il n'en est rien, au point de vue du calcul des intérêts, malgré l'assimilation complète résultant des termes mêmes de la circulaire précitée. C'est pourquoi nous nous sommes permis d'insister sur ce point.

II

Nul n'ignore aujourd'hui que les Caisses d'épargne sont tenues de verser à la Caisse des Dépôts et Consignations toutes les sommes qui leur sont confiées par leurs déposants (art. 10 du décret du 15 avril 1852). Comme conséquence, chaque Caisse a un compte spécial direct avec la Caisse des dépôts, par l'intermédiaire du Trésorier général du département, sans que les sommes en question soient préalablement passées au compte du Trésor public. Il n'en est pas de même pour la Caisse nationale d'épargne. Bien que ce ne soit pas indispensable à énoncer ici, nous dirons cependant que les intérêts de ce compte partent du 1er, du 10 ou du 20 qui suit les versements, et que, pour les remboursements, ils sont arrêtés le jour même.

La méthode imposée aux Caisses d'épargne pour le décompte des intérêts qu'elles doivent à leurs déposants, est tout autre. L'article 3 de la loi du 9 avril 1881 dit textuellement : *L'intérêt partira du 1er ou du 16 qui suit le versement ; il cessera à partir du 1er ou du 16 qui aura précédé le remboursement.* C'est ce point de départ ou d'arrêt des intérêts qu'on appelle dans le langage courant : *date de valeur.* Nous verrons plus loin qu'une circulaire du 10 mars 1893 a malheureusement modifié cette date, en ce qui concerne les transferts seulement.

Le transfert s'opère sans mouvement de fonds, au moyen d'un virement, ou simple jeu d'écritures, passé par la Caisse des Dépôts et Consignations, du compte de la Caisse d'épargne débitrice, et expéditrice du transfert, au compte de la Caisse destinataire, en débitant le premier par le crédit du second, sur la production de l'un des exemplaires de la demande de transfert, qui lui a été transmis par la Caisse débitrice. Cette pièce est ensuite adressée directement par la Caisse des Dépôts à la Caisse destinataire, en même temps que l'avis de virement l'informant que son compte a été crédité du montant du transfert. Chaque Caisse d'épargne ayant un compte direct avec la Caisse des Dépôts et Consignations, le compte de la Caisse débitrice avec cette dernière a beau être débité du montant du transfert en capital et intérêts, et celui de la Caisse destinataire être crédité de la même somme, la Caisse des Dépôts conserve toujours entre ses mains la somme transférée, qui ne sort pas de sa caisse ; elle ne fait que changer de créancier, par l'effet du virement, en restant le banquier des deux parties en cause.

Au surplus, cette opération est portée par ladite Caisse des Dépôts à un compte spécial appelé *compte virements*, qui n'est que la longue liste des transferts opérés par toutes les Caisses d'épargne ; mais le compte général *en numéraire* des Caisses d'épargne avec cette grande institution ne subit, de ce chef, aucun mouvement, ce qui est logique, puisqu'il n'a rien reçu ni rien déboursé, et qu'il n'a fait que constater le changement de nom de la Caisse d'épargne créancière du compte. C'est par suite de ce mécanisme que la question des intérêts des transferts, à quelque date qu'ils soient arrêtés, ne peut porter préjudice à la Caisse des Dépôts et Consignations, puisque chaque transfert est représenté pour elle, au compte virements, par un débit et un crédit du même chiffre qui s'annulent, sans qu'il y ait mouvement de fonds. Peu importe que le transfert comprenne quinze jours d'intérêts de plus ou de moins, sa situation reste la même, puisqu'elle se contente de mentionner une opération qui la libère vis-à-vis de la Caisse expéditrice, et la constitue débitrice, le même jour, et de la même somme, vis-à-vis de la Caisse destinataire.

Les déposants, de leur côté, retrouvent toujours à la Caisse destinataire le capital et les intérêts à partir du jour où ils ont été arrêtés à la Caisse expéditrice, sans un jour d'interruption. Peu leur importe que les intérêts aient été arrêtés au 1er ou au 16 qui suit ou qui précède la demande à la Caisse expéditrice, puisqu'ils seront crédités à la Caisse destinataire à partir du jour exact où ils auront été débités à la Caisse expéditrice. Ils ne subiront donc, eux non plus, aucun préjudice.

Les Caisses d'épargne seules peuvent avoir à souffrir de la modification du départ des intérêts, suivant les cas, comme nous le verrons plus loin ; c'est là le point important à retenir.

III

Nous avons vu plus haut que le transfert était considéré comme un solde et produisait les mêmes effets. Or nous savons que si l'article 67 de l'instruction du 4 juin 1857 a consacré ce principe en ces termes : *en matière de transfert, il y a lieu d'opérer comme dans le cas de remboursement intégral, pour le décompte des intérêts et l'établissement du solde* (ce qui voulait dire alors que les intérêts devraient être arrêtés au 1er ou au 16 qui a précédé la demande), deux nouvelles circulaires des 28 décembre 1881 et 10 mars 1893 sont malheureusement venues dire le contraire. Cette dernière stipule, en effet, *que le compte du déposant sera réglé comme en cas de remboursement, avec cette différence que les intérêts seront calculés jusqu'au 1er ou au 16 qui suit (et non qui précède)* la demande. Pourquoi cette anomalie, puisque le transfert est, en réalité, un remboursement pour solde, dont les intérêts devraient être arrêtés au 1er ou au 16 précédant la demande ? C'était déjà compliquer inutilement la situation ; néanmoins, malgré cette différence de traitement de deux opérations analogues, les Caisses d'épargne se conformèrent à ces prescriptions, qui ne leur occasionnaient alors aucun préjudice.

Les intérêts sont donc arrêtés actuellement au 1er ou au 16 qui précède pour les remboursements pour solde, *et au 1er ou au 16 qui suit la demande pour les transferts.*

Sur ces entrefaites, parut la circulaire du 20 avril 1905, qui n'a été rendue que pour donner satisfaction à un vœu de la Commission supérieure des Caisses d'épargne. Nous devons insister sur ce fait que cette circulaire a accordé ce qu'on lui demandait, rien de plus. Il ne faut pas chercher à y voir autre chose

*

que ce qu'elle dit, et quand ses prescriptions sont facultatives, ne pas leur attribuer un caractère obligatoire qu'elles n'ont pas. Cette circulaire, qui a créé les nouveaux transferts directs, débute ainsi : *Dans sa dernière session, la Commission supérieure des Caisses d'épargne, considérant combien il est essentiel d'adopter toute mesure permettant d'assurer le plus promptement possible le transfert d'une caisse à une autre...* Et elle ajoute : *Après examen de l'affaire, il a paru possible de donner satisfaction à ce vœu, dont la portée, dans les conditions actuelles, se trouvera limitée aux transferts de fonds entre Caisses d'épargne ordinaires.* Il est donc de toute évidence que cette décision n'a été rendue que pour rentrer dans les vues de la Commission supérieure ; qu'elle n'est qu'une autorisation accordée à la demande qui a été formulée, ce qui exclut toute idée de vouloir obliger les Caisses d'épargne à procéder à des opérations qui leur seraient préjudiciables. Du reste, pour qu'il n'y ait aucun doute, le Ministre ajoute : *que la circulaire ne saurait s'appliquer à la Caisse nationale.* Il semble donc avoir prévu un inconvénient qu'il a voulu éviter à la Caisse nationale, et qu'il n'a pu venir à sa pensée d'imposer à d'autres.

En créant une nouvelle espèce de transferts destinée à faciliter les opérations rapides sur les livrets transférés, cette circulaire serait appelée à rendre de réels services à nos déposants qui changent de résidence, en abrégeant les délais, si elle ne portait dans son sein un germe morbide, qui en paralyse à l'avance les heureuses conséquences possibles. *Elle n'a malheureusement pas changé le mode de calcul des intérêts des transferts* (ou date de valeur), fixé par la circulaire du 10 mars 1893, au 1er ou au 16 qui suit la demande. Elle ne semble pas tenir compte des conséquences différentes qui pourraient résulter de deux formalités ayant quelque analogie : les anciens transferts et les nouveaux transferts directs créés par elle. Ses dispositions principales sont les suivantes :

Les transferts entre Caisses d'épargne ordinaires continueront à être effectués, comme par le passé, dans les conditions générales déterminées par l'instruction du 10 mars 1893, notamment en ce qui concerne la date de valeur à donner aux opérations (c'est-à-dire intérêts au 1er ou au 16 qui suit la demande).

La Caisse d'épargne ordinaire expéditrice pourra toutefois établir une troisième expédition de la demande du transfert, et l'adresser directement à la Caisse destinataire ; l'envoi sera alors fait aux frais de l'intéressé.

Dès la réception de cette pièce, la Caisse d'épargne destinataire ouvrira le compte du déposant, conformément aux dispositions du § XIX de l'instruction du 10 mars 1893 ; elle POURRA *procéder au remboursement du compte entre les mains du titulaire du livret, sur la production du récépissé dont le modèle est annexé à la circulaire du 22 juillet 1903...* (c'est-à-dire l'avis que la Caisse expéditrice envoie le jour où elle opère le transfert au titulaire du compte transféré).

Ainsi donc, la circulaire commence par dire qu'il n'y aura rien de changé, en ce qui concerne le décompte des intérêts, tant pour les anciens transferts que pour les transferts directs. Elle institue une nouvelle espèce de transfert, qui devra être fait en trois exemplaires, dont deux auront la même destination que dans les transferts ordinaires (un pour la Caisse expéditrice, le second pour la Caisse des Dépôts) et le troisième pour être adressé immédiatement et directement (d'où le nom de transfert direct) à la Caisse destinataire, qui devra ouvrir le livret, sans attendre l'avis de virement, recevoir au besoin des versements, et faire des remboursements, si elle le juge à propos. Nous croyons, en effet, que la circulaire n'est pas et ne pouvait pas être obligatoire, en ce qui concerne les remboursements. Il faut remarquer qu'elle ne dit pas: la Caisse remboursera, mais au contraire : *La Caisse* **pourra** *procéder au remboursement...* Etant donné ce qui a été dit plus haut, et ce qu'elle déclare en propres termes dans son préambule, à savoir qu'elle a pour raison d'être une demande à elle adressée à ce sujet par la Commission supérieure, il ne saurait faire de doute qu'elle est facultative, et non obligatoire, en matière de remboursement.

Ce caractère facultatif ressort encore des conséquences qu'entraînerait pour les Caisses d'épargne l'obligation de procéder à des remboursements, même avant qu'elles ne soient créditées du montant du transfert par l'avis de virement de la Caisse des Dépôts. Elles n'auraient certainement pas demandé au Ministre du Travail de leur permettre de faire une opération onéreuse, car ce serait là le résultat forcé. Elles seraient, en effet, obligées : 1° d'abord d'avancer la somme avant de l'avoir reçue ; 2° de faire une perte sèche des intérêts du jour du paiement au 1er ou au 16 qui suivra, puisque la Caisse destinataire ne sera créditée de ces intérêts qu'à partir de cette date. Le Ministre n'a pu avoir l'intention de leur causer volontairement ce préjudice ; elle n'est donc pas obligatoire sur ce point.

Pour faire ressortir les inconvénients qui résultent du maintien de la date de valeur (ou jour où sont arrêtés les intérêts) au 1er ou au 16 qui suit la demande, pour les nouveaux transferts directs, comme pour les anciens, nous allons envisager alternativement les deux opérations.

IV

A. — Dans le cas de transfert ordinaire en double expédition (l'une pour la Caisse expéditrice, l'autre pour la Caisse des Dépôts, qui la transmet à la Caisse destinataire), si le déposant se présente à la Caisse destinataire, avant que cette dernière ait reçu de la Caisse des Dépôts et Consignations le double du transfert et l'avis de virement créditant son compte, qui lui sont transmis en même temps, on ne peut que le prier poliment de vouloir bien repasser, puisqu'on n'a rien reçu pour lui, et qu'on ne lui doit rien. De plus, on n'a aucun renseignement pour ouvrir le nouveau livret, puisque les indications nécessaires pour ce faire sont portées au dos de la feuille de transfert, qui n'arrive à la Caisse destinataire qu'avec l'avis de virement. Cette opération nécessite ordinairement une dizaine de jours, entre le moment où le transfert est transmis par la Caisse expéditrice à la Caisse des Dépôts, et celui où cette dernière envoie les deux pièces à la Caisse destinataire. Tout le monde est donc obligé d'attendre, dans ce cas, que la Caisse des Dépôts ait effectué ledit transfert.

B. — C'est dans l'unique but d'abréger ces trop longs délais qu'a été faite la circulaire du 20 avril 1905, instituant les nouveaux transferts directs, sur les instances de la Commission supérieure. La faculté pour le déposant de se présenter sans délai à la Caisse destinataire, pour y faire des opérations, même avant que cette dernière ait reçu l'avis de virement l'informant que son compte est crédité du montant du transfert, est, au contraire, de l'essence même du nouveau transfert direct, et son unique but. S'il doit être fait en trois exemplaires, au lieu de deux, c'est précisément pour que le troisième exemplaire soit adressé directement par la Caisse débitrice et expéditrice à la Caisse destinataire (sans passer par l'intermédiaire de la Caisse des Dépôts et Consignations) afin de fournir sans retard à la Caisse destinataire tous les renseignements indispensables à l'ouverture immédiate du nouveau livret, même avant l'avis de virement, qui ne sera transmis qu'ultérieurement dans les délais que nous avons indiqués plus haut, et que la Caisse des Dépôts ne paraît pas avoir abrégés depuis.

Dans ce second cas, que fera la Caisse destinataire, si le déposant se présente avant l'avis de virement, autrement dit avant que le compte particulier de cette caisse avec la Caisse des Dépôts soit crédité du montant du livret transféré ? Pourra-t-elle prier le titulaire de repasser plus tard, comme dans le cas précédent ? Nous répondrons affirmativement s'il s'agit d'un remboursement, et nous allons expliquer pourquoi.

V

Qu'il nous soit permis de faire remarquer que la circulaire de 1905 est muette en ce qui concerne les versements, aucune difficulté ne devant se produire dans ce cas ; nul doute que si le déposant veut verser de nouveaux fonds à la Caisse destinataire, celle-ci les reçoive avec satisfaction. Mais il n'en sera pas de même en matière de remboursement. Certaines Caisses se figurant qu'elles ne pourront pas refuser d'y procéder, nous croyons quelles sont dans l'erreur ; la circulaire dit que la Caisse *pourra* rembourser, et ne dit pas *devra* rembourser ; il n'y a donc pas là une obligation, mais une faculté ; cela résulte, du reste, des explications que nous avons données plus haut, et des démarches de la Commission supérieure. Le Ministre du Travail ne pouvait vouloir imposer aux Caisses d'épargne une opération répréhensible en elle-même, parce qu'elle constituerait un acte de mauvaise administration. Au surplus, tout ce qui n'est pas défendu est permis tout ce qui n'est pas obligatoire est, par analogie, facultatif. Que les Caisses soient donc bien persuadées qu'elles ne sont pas obligées de procéder à des

remboursements, avant d'avoir reçu l'avis de virement qui les crédite de la somme transférée en capital et intérêts. Personne ne peut être obligé à rendre
ce qu'il n'a pas reçu. Le Ministre s'est borné à les y
autoriser, rien de plus. Qu'aurait-il fait, si on lui
avait demandé au même moment de changer la date
de valeur des transferts, en la reportant au 1er ou au
16 qui précède la demande? Nous n'oserions le dire.
L'intérêt du Trésor Public pourrait bien jouer ici
un certain rôle.

Il faut insister sur ce point important que l'intérêt des Caisses d'épargne est seul en jeu dans cette
question des nouveaux transferts directs, en cas de
remboursement avant réception de l'avis de virement. En effet, celui du déposant reste intact,
puisque son compte sera crédité à la Caisse destinataire des intérêts de son capital, à partir du jour où
ils auront été arrêtés à la Caisse expéditrice. La
Caisse des Dépôts, de son côté, est toujours créditée
le même jour, et de la même somme, dont elle est
débitée ; sa situation ne varie pas ; elle a changé de
créancier ; sa caisse ne s'est pas ouverte et contient
toujours la même somme qu'avant le transfert. C'est
une opération blanche pour elle, qui n'a rien de
commun avec celle du rachat de l'Ouest. Les Caisses
d'épargne ordinaires seront donc seules dupes de ce
nouveau procédé, le cas échéant, comme on va le
voir.

La date de valeur des transferts de toute espèce,
c'est-à-dire le jour où sont arrêtés à la Caisse expéditrice les intérêts des sommes transférées, est donc
fixée par la circulaire du 10 mars 1893 au 1er ou au

16 qui suit la demande, puisque la nouvelle du 20 avril 1905 n'a rien innové sur ce point. Nous avons vu qu'en matière de remboursement, les Caisses avaient leurs coudées franches, en ce qui concerne les anciens transferts, et que pour les nouveaux elles feraient ce qu'elles voudraient ; c'est au Conseil d'administration de chaque Caisse qu'il appartiendra de décider, sur ce point, du parti à prendre.

Pour faire toucher du doigt les conséquences des remboursements de ce genre, supposons un transfert direct d'un livret de 1.500 francs au 31 décembre 1911, demandé le 2 mai 1912 à la Caisse de Tours, débitrice et expéditrice du transfert, sur celle de Poitiers, destinataire, où il peut arriver le 4. Les intérêts devant être arrêtés au 1er ou au 16 qui suit la demande, devront donc être calculés jusqu'au 16 mai 1912, et le montant du transfert sera de 1500 + 16,87 représentant neuf quinzaines (1) d'intérêt ou quatre mois et demi = 1516,87. Si le déposant se présente le 5 à Poitiers, et demande le remboursement intégral du livret, cette Caisse, si elle consent à faire le remboursement, devra donc payer cette somme entière de 1.516 fr. 87, avant de l'avoir reçue, puisque son compte à la Caisse des Dépôts n'en sera crédité qu'ultérieurement ; et nous avons vu plus haut que cette opération demande une dizaine de jours : elle n'aura droit qu'aux intérêts à partir du 16 mai, c'est-à-dire 10 jours après qu'elle aura fait l'avance, puisque le remboursement serait opéré

___

(1) Les intérêts des livrets étant toujours calculés du 1er ou du 16, les barèmes spéciaux des Caisses d'épargne pour le calcul des intérêts dus aux déposants sont établis par quinzaines.

le 5. La Caisse d'épargne de Poitiers perdra donc les intérêts de cette somme de 1.516 fr. 87 pendant 10 jours, pour prix de sa gracieuse entremise, puisque si elle va retirer cette somme de son compte à la Caisse des Dépôts, pour l'avancer au déposant, elle sera débitée le jour même des intérêts, soit le 5 mai, (comme nous l'avons expliqué sous le paragraphe II,) alors qu'elle ne sera créditée lors de l'avis de virement. qu'à partir du 16 mai. Cette situation est inadmissible. Peut-on supposer aujourd'hui, sans rire, un établissement de crédit, une banque ou un dépositaire quelconque, remboursant à l'avance une somme qu'il n'a pas encore reçue, non seulement sans prendre la plus légère commission, mais encore en faisant un abandon généreux, à son client occasionnel, de 10 jours d'intérêts qui lui sont légitimement dus ? Le fait serait considéré plutôt comme anormal.

On ne saurait nous objecter que les Caisses d'épargne sont déjà appelées à procéder à une opération de ce genre, en matière de reconstitution de comptes prescrits, lorsque le déposant justifie de l'inscription des intérêts sur son livret antérieurement à l'arrêt de la Cour de cassation du 7 janvier 1903, qui a fixé la jurisprudence sur ce point (circulaire du 2 février 1903). Il s'agit, au contraire, dans ce cas, d'une mesure imposée par les circonstances, dans l'intérêt des Caisses d'épargne elles-mêmes, pour leur éviter une responsabilité encourue ; de plus, une partie du compte à reconstituer a déjà figuré à la fortune personnelle des Caisses d'épargne. La situation est donc tout autre ; enfin ce fait est anormal et se produit rarement, tandis que les transferts seront d'une pratique journalière, partant le préjudice sera bien plus considérable.

VI

Avant d'indiquer les remèdes à cette situation, qu'il nous soit permis d'ouvrir ici une parenthèse et de citer certaine discussion sur le sujet qui nous occupe, qui a motivé de notre part ces quelques explications.

Dans le compte rendu de la conférence du Centre-Est (*Journal des Caisses d'épargne*, édition complète, décembre 1912, page 10), on trouve à la ligne 29 : *Avant la circulaire du 20 avril 1905, un déposant voulant changer de localité... on établissait la demande de transfert en réglant son compte, et en arrêtant les intérêts, valeur du 1er ou du 16 qui précédait la date du transfert.* Il y a là deux erreurs : la première consiste en ce que la circulaire du 20 avril 1905 n'a malheureusement rien changé à la date de valeur des transferts, qui est restée la même, avant comme après son apparition ; et la seconde réside dans cette date de valeur elle-même, qui n'est pas celle qu'on indique, et qui est, au contraire, fixée pour les transferts au 1er ou au 16 qui *suit* la demande par la circulaire du 10 mars 1893, (et non pas, comme on le dit, au 1er ou au 16 précédent). Cette dernière circulaire est toujours en vigueur ; celle du 20 avril 1905 n'a rien changé sur ce point.

et la date de valeur des transferts est toujours fixée au 1er ou au 16 qui *suit* la demande. Ce n'est pas tout à fait ce qu'exprime la phrase ci-dessus. Aussi, nous ne sommes pas étonnés que certains congressistes aient demandé, sur ce point, des éclaircissements.

Dans le même compte rendu, page 11 suivante, à la treizième ligne, on lit : *Mais la Caisse destinataire est débitée des intérêts jusqu'au 1er ou au 16 qui suit, par conséquent d'une somme qui ne lui est pas due.* Comme il s'agit, dans le cas supposé, d'un transfert direct arrivé le 4 à la Caisse destinataire, aux guichets de laquelle le déposant se présente le 5, il n'est pas exact de dire que la Caisse destinataire est débitée des intérêts. Elle n'est pas créditée le 5, jour où le déposant se présente, ce qui n'est pas la même chose que d'être débitée ; on sera obligé de faire une avance au titulaire, si on le rembourse, mais on ne saurait dire que le compte est débité à l'avance. Nous sommes bien obligés de supposer, puisqu'on ne nous l'a pas dit, qu'il s'agit du compte de la Caisse destinataire avec la Caisse des Dépôts et Consignations, et que nous sommes en matière de transfert. Lorsque le virement sera opéré, le compte ne sera bien crédité que des intérêts jusqu'au 1er ou au 16 suivant la demande, mais la Caisse n'est pas débitée, par cela même, des intérêts antérieurs à ces dates (dont elle n'est pas créditée). L'absence de crédit n'équivaut pas au débit. Du reste, le transfert-dépense pour la Caisse expéditrice constitue un transfert-recette pour la Caisse destinataire, et le compte de cette dernière à la Caisse des Dépôts sera toujours crédité, et *ne sera jamais débité* du même transfert. En effet, même dans le cas où le même déposant changerait de nouveau de résidence, la somme à transférer ne serait certainement pas la même. Le compte en question ne pourra donc jamais être débité de ces intérêts. Aurait-on voulu parler du compte des déposants à la Caisse destinataire ? Il eût fallu le dire. Celui-là n'est pas débité, mais sera débité, après l'opération du remboursement, si on consent à la faire, mais pas par suite du transfert direct lui-même, non accompagné de l'avis de virement. Nous croyons, du reste, avoir démontré plus haut, malgré l'avis contraire de quelques Caisses, que le remboursement n'est pas obligatoire avant que l'avis de virement ne soit arrivé.

Quant à la conséquence qu'on tire, à la fin de la phrase citée plus haut : *par conséquent d'une somme qui ne lui est pas due,* elle ne nous paraît pas évidente ; on ne voit pas bien pourquoi le débit des intérêts peut empêcher la somme d'être due ; nous y verrions presque, au contraire, une preuve de son existence. Le point de départ des intérêts d'une somme n'a jamais pu avoir, et n'aura jamais d'influence sur l'existence ou la validité de la dette elle-même De même comment pourrait-on expliquer pour quelles raisons elle n'est pas *due* à la Caisse destinataire ? Du moment que la Caisse expéditrice du compte transféré se trouve libérée, par le fait du transfert, le montant dudit compte est aussi incontestablement dû à la Caisse destinataire qu'au déposant lui-même. Comment pourrait-on, au surplus, débiter les intérêts d'une somme qui ne serait pas

due ? N'y a-t-il pas là contradiction évidente ? Il est
à croire que le mot *due* a été pris ici comme syno-
nyme de *versée*, ce qui prête à interprétation de la
part des profanes, qui ne sont pas comptables de
profession. Ces derniers voudront bien croire que
c'est dans l'unique but de renseigner les premiers,
et sans aucune arrière-pensée désobligeante à leur
égard, que nous nous sommes permis cette petite
discussion technique.

Nous devons à la vérité de reconnaître, pour
nous attirer en même temps les bonnes grâces
des intéressés, qu'il existe deux comptes, (qui
sont la contre-partie l'un de l'autre,) avec la Caisse
des Dépôts et Consignations ; sans cet aveu loyal,
nous craindrions qu'ils ne se missent tous d'ac-
cord, avec une unanimité facile à prévoir, pour
déclarer que nous ne comprenons rien [à la
comptabilité en partie double. L'un de ces comptes
est tenu au Grand Livre de la Caisse d'épargne ;
les opérations y sont inversées, le débit y représente
en réalité les sommes qui constituent l'avoir de la
Caisse (transferts-recettes, placement de fonds),
et le crédit les sommes payées (transferts-dépenses,
retraits de fonds). L'autre compte est tenu directement à la Caisse des Dépôts, par l'entremise du
Trésorier général, et les Caisses d'épargne en tien-
nent un double soigneusement collationné ; il
énonce au débit et au crédit les opérations telles
qu'elles sont en réalité ; il est donc la contre-partie
du premier. C'est de ce dernier seul que nous avons
parlé, parce que, seul, il était à portée des auditeurs,
qui ne sont pas habitués à voir les choses à l'envers.

VII

Il existe deux remèdes à la situation embarrassante créée aux Caisses d'épargne par les nouveaux transferts : 1° l'abstention en matière de remboursement, 2° et le changement de date de valeur.

Nous avons vu que le premier remède : l'abstention, était permis en matière de remboursement, avant l'avis de virement, en vertu de la circulaire même du 20 avril 1905. C'est le parti le plus sage, que nous cons.illons aux Caisses d'adopter, en attendant la modification de date de valeur, qui constitue le second des remèdes proposés. C'est une mesure de précaution qu'on ne saurait les blâmer de prendre. Elles ne sont pas plus obligées à ce genre de remboursement que la Caisse nationale d'épargne, au nom de laquelle le Ministre décline cette innovation en ces termes, dans la circulaire du 20 avril 1905 : *elle ne serait d'aucune utilité en cas de transfert d'un livret de Caisse d'épargne ordinaire sur la Caisse nationale ; les receveurs principaux des postes n'ayant pas de compte courant ouvert dans la comptabilité des Trésoriers généraux, et ne pouvant prendre en recette le montant d'un transfert et procéder à l'ouverture du livret, que lorsqu'ils sont en possession du récépissé de mouvement de fonds que leur délivre le Trésorier général.* Mais les Caisses d'épargne ordinaires non plus ne peuvent, ou plutôt ne pouvaient prendre en recette, avant la circulaire, le montant d'un transfert, avant le récépissé de mouvement de fonds! Si elles ont demandé à pouvoir le faire, pour rendre service à leurs clients, c'était avec l'espoir que l'Administration prendrait les mesures nécessaires pour que cette opération ne leur soit pas préjudiciable. Il leur importe peu qu'elle soit sans profit. Si elles peuvent aujourd'hui prendre ces transferts en recettes, avant l'avis de virement, elles n'en sont pas plus avancées pour cela, puisque leur bonne volonté se trouve prise dans une impasse.

Nous ne pousserons pas la curiosité bien naturelle, que nous suggèrent les termes de cette circulaire, jusqu'à nous demander comment il se fait que le compte spécial des receveurs des postes chez les Trésoriers généraux, qui avait bien l'élasticité suffisante, jusqu'à ce jour, pour être crédité ou débité des transferts ordinaires, (qui y ont toujours figuré,) alors qu'il n'en pouvait résulter aucun préjudice, se trouve tout à coup frappé d'une incapacité absolue de recevoir les nouveaux transferts directs, juste au moment où la Caisse nationale pourrait être exposée à faire des avances. La prudence est la mère de la sûreté. L'existence même de ce compte paraît également être mise en doute.

L'explication de cette incapacité toute relative se trouve dans l'article 19 de la loi du 9 avril 1881, lorsqu'elle dispose : *La Caisse des Dépôts et Consignations devra faire emploi de toutes les sommes déposées par la Caisse d'épargne nationale. Néanmoins, pour satisfaire aux remboursements qui pourraient être demandés, la Caisse des Dépôts et Consignations conservera, par son compte courant au Trésor, une réserve du cinquième des versements qui lui seront effectués, sans que cette réserve puisse excéder 100 millions.* La Caisse des Dépôts a donc un compte courant au Trésor de 100 millions pour les besoins de la Caisse nationale. De plus, si nous rapprochons les termes de la disposition qui précède de ceux d'une circulaire du 22 juillet 1903, qui a rendu les transferts ordinaires applicables à la Caisse nationale comme aux Caisses d'épargne ordinaires, ils paraissent assez clairs pour que nous ne puissions avoir de doute : *L'opération du transfert une fois accomplie par la Caisse expéditrice, celle-ci transmettra la demande et les autres pièces du transfert au* Trésorier général, *qui en poursuivra l'exécution... Quant aux transferts provenant de la Caisse nationale, la caisse ordinaire destinataire, une fois mise par le* Trésorier général *en possession des pièces, procédera à l'ouverture du livret... etc...* On ne peut énoncer avec plus de franchise la contre-partie du premier compte. A quoi servirait donc, en effet, les fonds du compte courant au Trésor de 100 millions pour les besoins de la Caisse nationale, si les receveurs des postes, qui sont ses agents comptables, n'en pouvaient user ? Ils en usent par un compte spécial chez les trésoriers généraux, auquel figurent les versements ou retraits de fonds nécessités par les différents services compris dans leurs attributions ; il est impossible qu'il en soit autrement (1). Qu'on nous dise

---

(1) Ce compte comprend évidemment, et en bloc, toutes les recettes provenant tant de la Caisse nationale que de la vente des timbres-poste, émission de mandats, dépêches télégraphiques, ainsi que les dépenses. La répartition en est faite à la Comptabilité publique à Paris, d'après les pièces fournies par les receveurs des postes eux-mêmes. Les transferts anciens y

simplement qu'on ne veut pas que la Caisse nationale entre dans cette voie, nous trouvons la raison suffisante, et même meilleure que celle qui tend à nous laisser supposer qu'elle ne possède aucun compte susceptible de recevoir les nouveaux transferts.

Le second et plus sûr remède, déjà préconisé par d'autres, consiste à modifier la date de valeur des transferts, fixée par la circulaire du 10 mars 1893 au 1er ou au 16 qui suit la demande, en la reportant pour tous les transferts, quels qu'ils soient, *au 1er ou au 16 qui précède la demande*, comme pour les soldes, ce qui serait au surplus plus logique. De cette façon, la Caisse destinataire serait créditée, lors du virement dans le cas supposé plus haut, des intérêts à compter du 1er mai ; et, si elle avançait la somme le 5 mai, elle profiterait de 5 jours d'intérêts qui constitueraient une rémunération suffisante du service rendu, au lieu de subir une perte imméritée.

Mais, si l'on doit laisser subsister dans la pratique les deux catégories de transferts ordinaires et directs, ce qui ne paraît pas une nécessité, il est indispensable de demander la modification de date de valeur, pour les uns comme pour les autres, en la fixant à l'avenir au 1er ou au 16 précédant la demande, de manière qu'il n'y ait aucune différence de traitement entre ces trois espèces de remboursements, dont les effets sont identiques : remboursements pour solde en numéraire, transferts ordinaires et transferts directs. Il nous paraîtrait même préférable,

---

figurent probablement, puisque ces honorables fonctionnaires ne sauraient les fournir de leurs deniers personnels.

mais à la condition que la modification de date de valeur soit opérée en même temps, qu'on ne maintienne plus dans la pratique qu'une seule espèce de transferts : les transferts directs, parce qu'ils sont appelés à rendre plus de services aux déposants, par la rapidité de leur exécution, que les anciens transferts ordinaires.

La seule objection à la suppression des transferts ordinaires paraît avoir été faite en ces termes par la circulaire du 20 avril 1905 : *L'envoi de la 3e expédition du transfert sera alors fait aux frais de l'intéressé ; il ne sera ainsi procédé qu'avec l'agrément du titulaire, qui sera interpellé expressément à ce sujet.* On craint donc d'imposer au titulaire des frais supplémentaires. Quelle sera leur importance ? Ils se solderont par le coût d'un timbre de 0 fr. 10 centimes, qui servira à l'affranchissement de la troisième expédition. Les déposants seront les premiers à reconnaître que ce ne sera pas cher payer le service rendu, en raison des facilités dont ils profiteront. Comment penser qu'ils hésiteraient à faire cette minime dépense, lors d'un changement de résidence, quand on voit aujourd'hui l'ouvrier, le domestique ou le cultivateur chercher à tout propos l'occasion (sans attendre qu'elle se présente) d'envoyer au premier venu cette banale carte postale, qui est devenue une véritable plaie sociale. L'argument ne paraît pas devoir être retenu. Les caisses d'épargne, au surplus, préféraient probablement payer elles-mêmes le timbre en question, *et elles y gagneraient,* plutôt que de voir maintenir la date de valeur actuelle des transferts directs.

VIII

En résumé, il est regrettable qu'on ait laissé se produire une opposition d'intérêts entre les Caisses d'épargne et leurs déposants, en matière de remboursements sur transferts directs, avant réception de l'avis de virement. On aurait dû tout faire pour l'éviter, et il est urgent de remédier à cette situation préjudiciable à tous.

En envoyant aux Caisses d'épargne, le 26 novembre 1912, une nouvelle circulaire pour attirer leur attention sur les avantages que les nouveaux transferts directs seraient appelés à rendre aux déposants, et leur conseiller de les faire connaître davantage à leur clientèle, M. le Ministre du Travail ignorait-il cette situation ? Il s'adressait pourtant à des convaincus à l'avance, mais qui attendaient de sa bouche une parole destinée à empêcher cette innovation de leur être à charge, pour se trouver en parfaite communauté d'idées avec lui. Il ne l'a pas prononcé. Les Caisses d'épargne en sont donc réduites, bien qu'à regret, à ne pouvoir répondre qu'incomplètement aux desiderata de cette dernière circulaire.

Que les Caisses d'épargne attendent donc patiemment la modification demandée de date de valeur des transferts, et qu'elles se persuadent bien qu'elles ne sont pas tenues à procéder à des remboursements avant l'avis de virement. Il ne faut voir dans la circulaire du 20 avril 1905 que ce qu'elle dit ; elle peut se traduire en bon français par cette phrase:

« Je veux bien vous autoriser vous, Caisses d'épargne
« ordinaires, puisque vous me le demandez par l'or-
« gane de la Commission supérieure, à adopter les
« nouveaux transferts directs ; mais comme il pour-
« rait y avoir de ce chef une avance à faire et une
« perte d'intérêts à subir, je n'entends pas que la
« Caisse nationale les adopte ; vous pourrez, le cas
« échéant, procéder à des remboursements, à vos
« risques et périls. Je vous donne simplement l'au-
« torisation demandée. » Cette autorisation était, en
effet, nécessaire, puisque des remboursements de ce
genre, avant virement, constitueraient, par suite de
l'avance consentie et de la perte d'intérêts, une li-
béralité interdite, comme les autres, jusqu'à ce
jour.

Les Caisses d'épargne devront donc, en l'état
actuel, se conformer à la circulaire, en ce sens qu'elles
devront ouvrir immédiatement les nouveaux livrets,
aussitôt l'arrivée du troisième exemplaire, recevoir
des versements s'il y a lieu ; mais elles ne procéde-
ront à des remboursements, que si elles estiment
pouvoir agir ainsi, après délibération du Conseil des
Directeurs. Leur liberté est entière sur ce point. Que
quelques grandes Caisses, dont la fortune personnelle est importante, traitent de quantité négligeable
la perte d'intérêts qui en résultera pour elles, cela se
comprend ; mais la plupart des Caisses ne peuvent
entrer dans cette voie.

Ces dernières n'auront pas à craindre, en s'abste-
nant de pratiquer ce genre de remboursement, d'être
considérées comme frondeuses, car elles ne feront
qu'user du droit le plus absolu, consacré par la cir-

culaire du 20 avril 1905 elle-même. Il faudrait, du reste, qu'elles fussent bien timorées, pour ne pas se rendre compte qu'aucune force humaine ne saurait obliger un particulier, une maison de banque ou de dépôt, fût-ce une Caisse d'épargne, à avancer à quelqu'un une somme qu'elle n'a pas reçue pour son compte, en lui faisant cadeau par surcroît des intérêts qu'elle aurait légitimement le droit de percevoir.

Qu'il nous soit permis, en terminant, d'appeler de tous nos vœux une prompte décision qui mettra fin à cette situation, de manière que les Caisses d'épargne n'éprouvent aucune hésitation à conseiller à leurs déposants le nouveau transfert direct, dont elles sont les premières à apprécier les avantages.

J. BARBIER,

Ancien Notaire,
Trésorier de la Caisse d'épargne de Poitiers.

www.ingramcontent.com/pod-product-compliance
Lightning Source LLC
Chambersburg PA
CBHW060817280326
41934CB00010B/2722